Beobachten, Experimente machen : Das ist der beste Weg, um Wissenschaft zu lernen und zu begreifen ! **Cécile Jugla**, Jugend-Autorin ist davon überzeugt: aus diesem Grund hat sie diese Buchserie voller Entdeckungen konzipiert.

Jack Guichard, ehemaliger Leiter des Palais de la Découverte (Palast der Entdeckung in Paris) und Initiator der „Cité des enfants" (Kinderausstellung ebenfalls in Paris), versucht alle wichtigen wissenschaftlichen Grundsätze erklärlich und lebhaft zu vermitteln.

Laurent Simon illustriert Bücher für Kinder und Jugendliche und schreibt sogar manchmal selbst welche. Er zeichnet besonders gerne für wissenschaftliche oder praktische Themen.

Pok, Pok!
Ich hab dir ein paar Eier gelegt!

FSC www.fsc.org
MIX
Papier aus verantwortungsvollen Quellen
FSC® C022030

Dieses Buch wurde auf Papier aus verantwortungsvollen Quellen gedruckt.

Mein kleines Labor
Experiment EI

1. Auflage 2020
ISBN: 978-3-85581-591-3

Texte: Cécile Jugla und Jack Guichard
Illustrationen: Laurent Simon
Aus dem Französischen von Alexandra Romary

Die Originalausgabe erschien:

Originaltitel: La science est dans l´œuf

Bohem Press AG · Centralweg 6 · 8910 Affoltern am Albis · Schweiz · www.bohem.ch

In der Reihe *Mein kleines Labor* erschienen desweiteren: **Experiment ZITRONE** und **Experiment PAPIER**

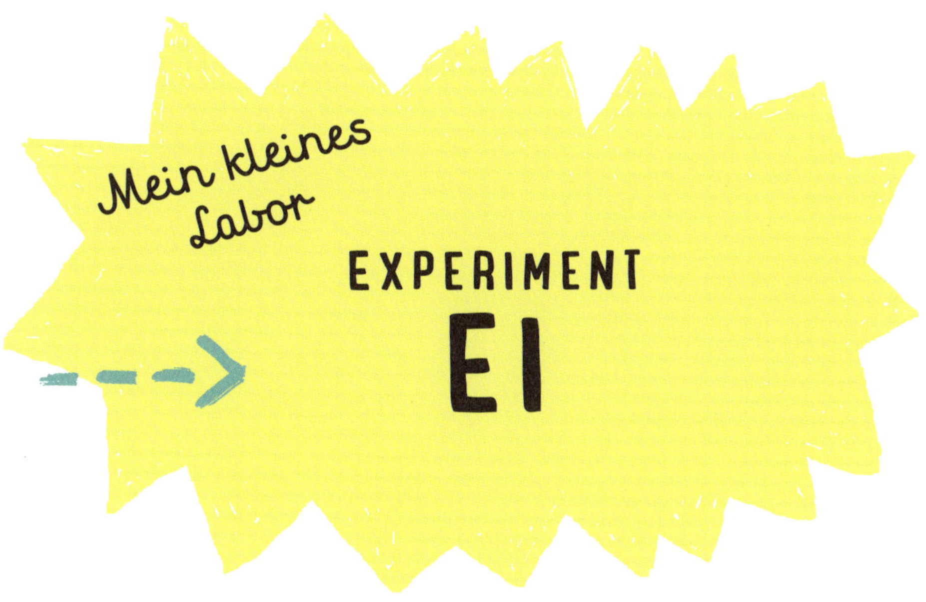

Mein kleines Labor: Experiment Ei

Texte von Cécile Jugla und Jack Guichard
Illustriert von Laurent Simon

Aus dem Französischen
von Alexandra Romary

BOHEM

INHALT

8 Darf ich vorstellen: Das Ei!

10 Wie sieht ein Ei von innen aus?

12 Teste die Stabilität der Eier

14 Schau mal, ob es kleine Löcher in der Schale gibt

16 So findest du heraus, wie alt dein Ei ist

18 So kochst du dein Ei

20 So bringst du Eier zum Tanzen

22 So lässt du die Eierschale verschwinden

24 So zauberst du dein Ei in eine Flasche

26 So machst du Mayo

28 So kannst du Eischnee machen

Einkaufs- und Suchliste

Vieles davon haben deine Eltern bestimmt schon in der Küche oder du selbst im Kinderzimmer, aber hiermit bist du komplett ausgerüstet für alle Experimente in diesem Buch:

frische Eier, am besten ein ganzer Karton
(und du kannst auch 1 altes Ei gebrauchen, aber nicht mehr essen!)
ein Stapel Bücher
Schere
Teller
Löffel
Lupe
großer Topf
Eieruhr oder Stoppuhr
Wasserkocher
Weißweinessig
Plastikflasche mit großer Öffnung (z. B. eine leere Saftflasche)
Salz
Pfeffer
Sonnenblumenöl (oder anderes Speiseöl)
Mixer und/oder Schneebesen
Zucker
ein nicht zu schweres Wasserglas
Wasser

DARF ICH VORSTELLEN: DAS EI!

Du hast ein Hühnerei im Kühlschrank gefunden.

Welche Form hat das Ei?

 eckig

 rund

 oval

 dreieckig

 schwer zu sagen

Antwort: oval

Welche Farbe hat es?

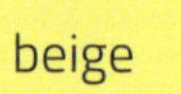
beige

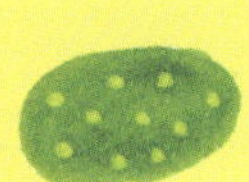 grün mit Tupfen

 violett

schwarz-weiß-gestreift

weiß

 dunkel-braun

Antwort: beige, weiß oder dunkelbraun

Es ist so schwer wie:

 ein Joghurtbecher

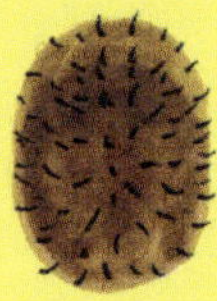 eine Kiwi

 eine Flasche Wasser

Antwort: eine Kiwi

Die Farbe der Eier variiert je nach Hühnersorte und Futter: Es gibt sogar blau-grüne Eier!

Siehst du die Zahlen und Buchstaben auf der Schale?

Ja? Die erste Zahl dieses Codes zeigt, wie das Huhn gehalten wurde.

0 & 1: gar nicht schlecht und eher frei.

2 & 3: nicht so toll und eingesperrt!

MHD: Mindesthaltbarkeitsdatum

0-DE-506016

MHD 28/07

Die Schale ist:

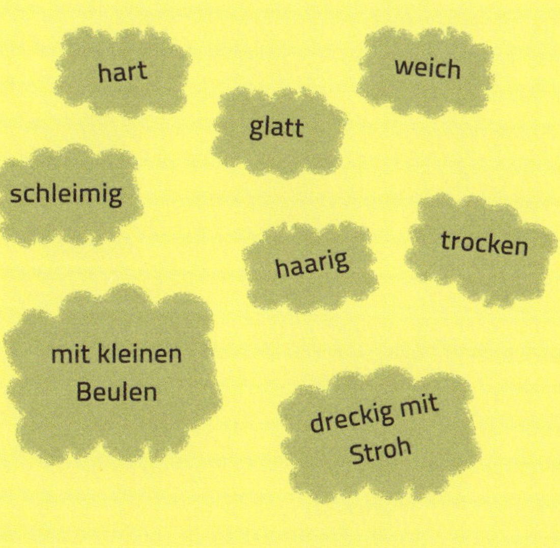

Kann das Ei stehen?

Super, du hast Kontakt mit deinem Ei aufgenommen. Blätter schnell um, um es noch besser kennenzulernen!

WIE SIEHT EIN EI VON INNEN AUS?

KAUM ZU GLAUBEN!

Damit Hühner stabile Eier legen, kann man sie mit zerkleinerten Muschelschalen füttern.

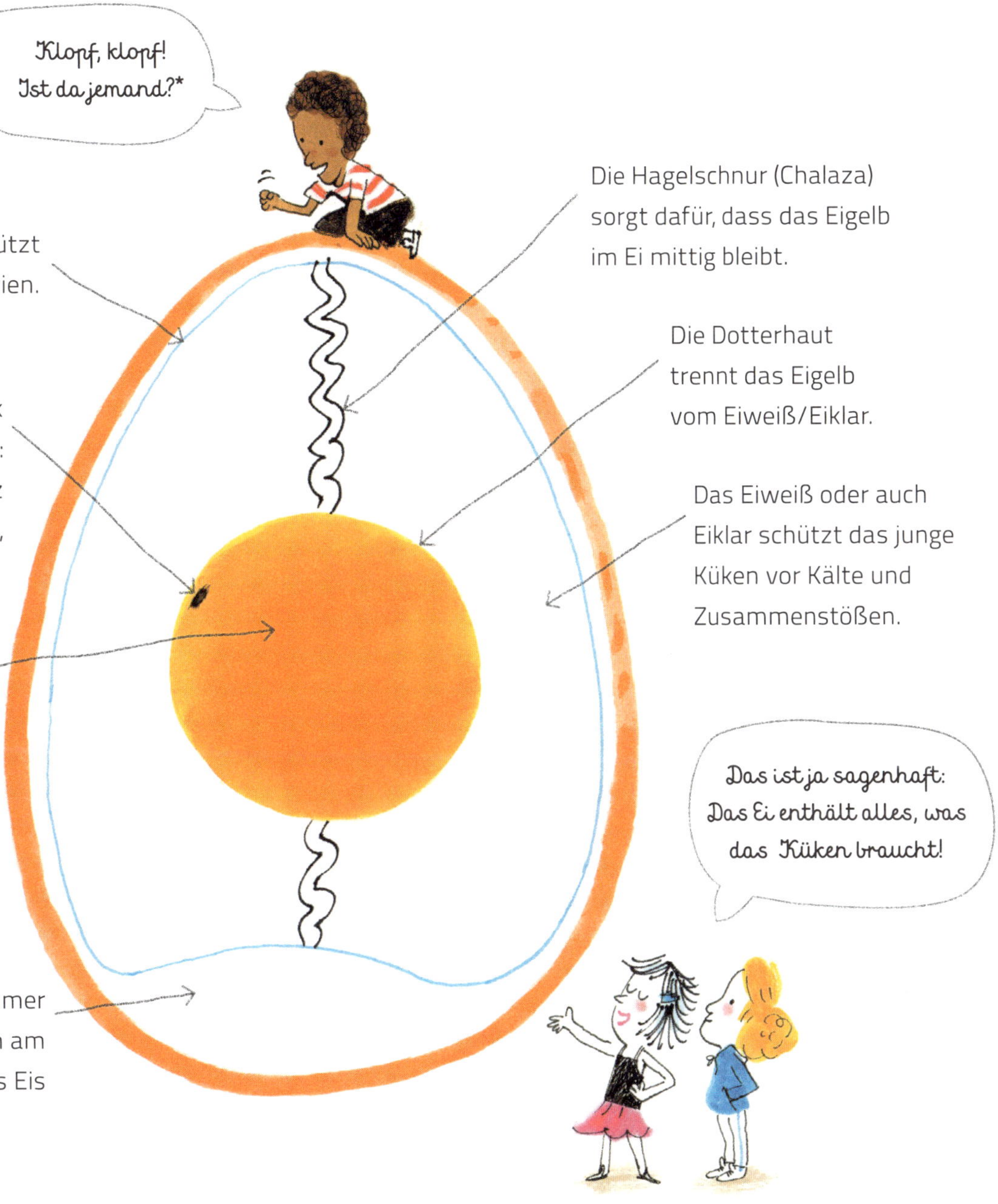

Klopf, klopf!
Ist da jemand?*

Die Schalenhaut schützt vor Bakterien.

Die Hagelschnur (Chalaza) sorgt dafür, dass das Eigelb im Ei mittig bleibt.

Die Dotterhaut trennt das Eigelb vom Eiweiß/Eiklar.

Aus dem Keimfleck entwickelt sich ein Küken: Man muss ganz genau hinschauen, um ihn zu sehen!

Das Eiweiß oder auch Eiklar schützt das junge Küken vor Kälte und Zusammenstößen.

Das junge Küken isst das Eidotter zuerst.

Das ist ja sagenhaft: Das Ei enthält alles, was das Küken braucht!

Die Luftkammer befindet sich am runden Ende des Eis

*Kein Küken drin: Das Ei kommt aus einer Züchtung ohne Hahn!

Bravo, nun kennst du dich ausgezeichnet mit der Anatomie des Eis aus!

TESTE DIE STABILITÄT DER EIER

Für diesen Versuch schneide ich die kleinen Kegel des Eierkartons ab.

SCHNAPP!

Wieso ist die Schale stabil 

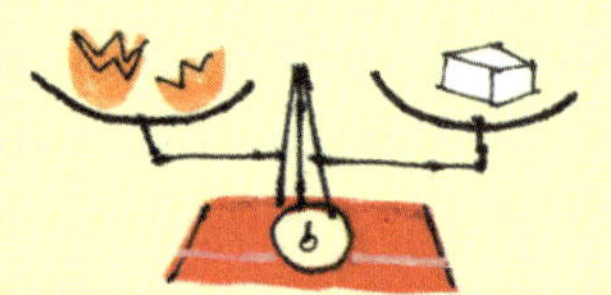

Die Schale ist leicht: Sie wiegt so viel wie ein Zuckerwürfel!

Kraft

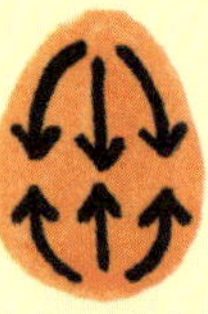

Sie besteht aus ganz kleinen Teilen, Kalkkristalle, die miteinander verbunden sind. In der Schale bilden sie so etwas wie Bögen.

… so wie die Bögen einer Brücke, die das Gewicht der Steine tragen.

Was für ein Genie du bist!
Du hast die Widerstandskraft von eiförmigen Materialien entdeckt.

SCHAU MAL, OB ES KLEINE LÖCHER IN DER SCHALE GIBT

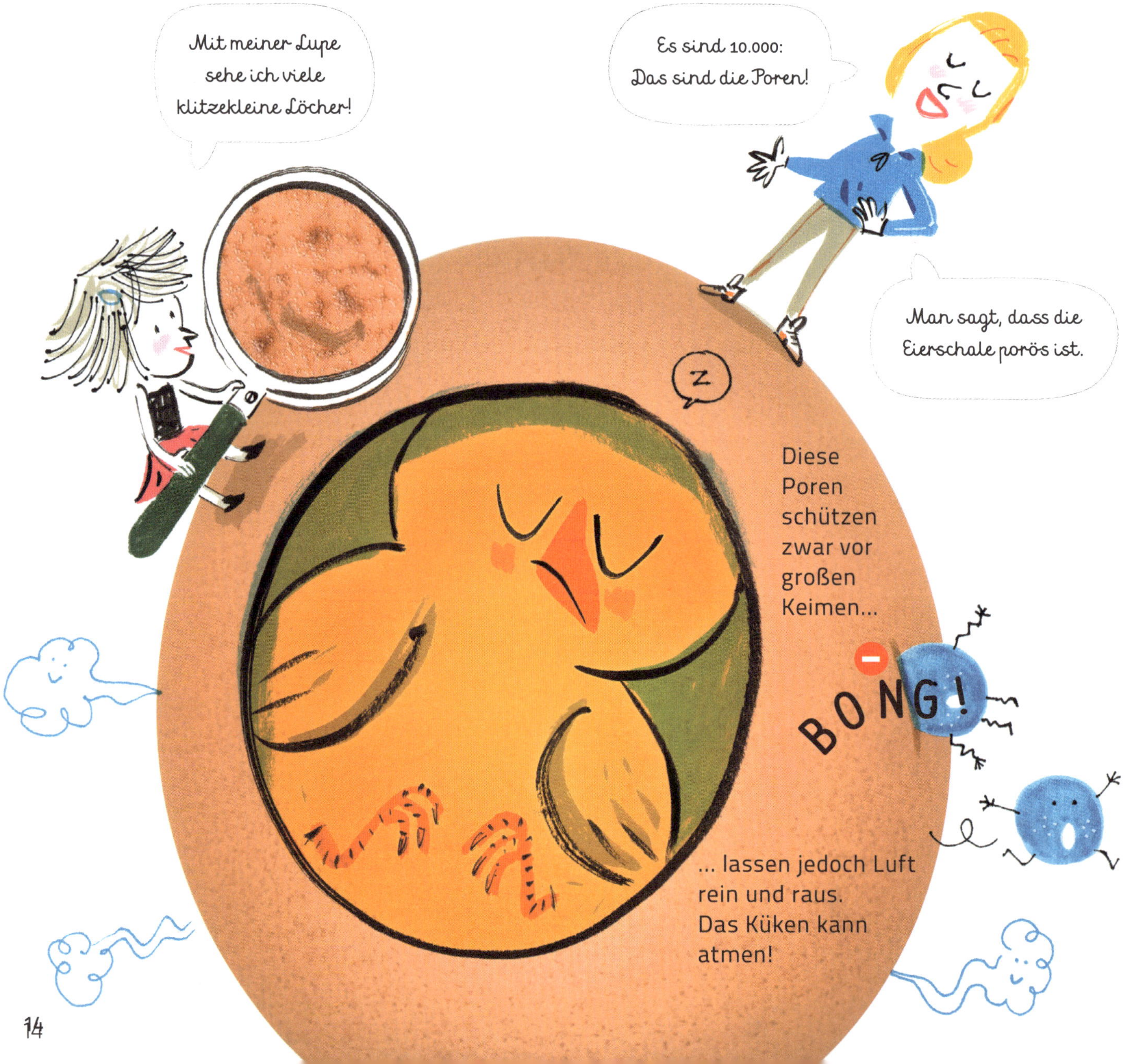

Mit meiner Lupe sehe ich viele klitzekleine Löcher!

Es sind 10.000: Das sind die Poren!

Man sagt, dass die Eierschale porös ist.

Diese Poren schützen zwar vor großen Keimen...

BONG!

... lassen jedoch Luft rein und raus. Das Küken kann atmen!

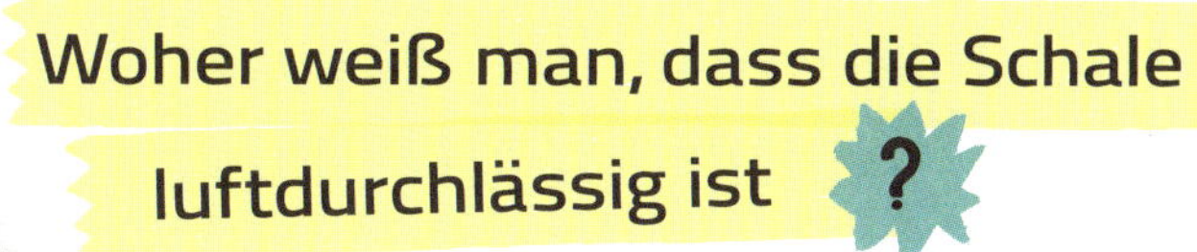

Woher weiß man, dass die Schale luftdurchlässig ist?

Nimm ein rohes Ei …

… und lege es mithilfe eines Löffels in ein Glas, gefüllt mit warmem Wasser.

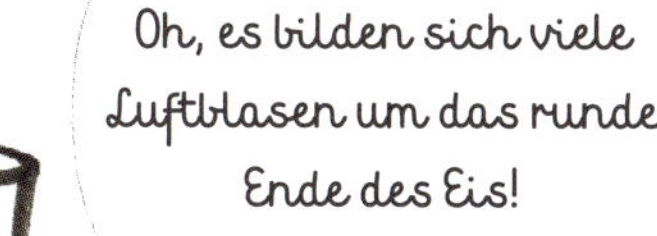

Das sind Luftblasen, die aus der Luftkammer austreten.

Warum tritt Luft aus der Luftkammer aus?

Wegen der **Wärme**! Die kleinsten Stoffteilchen, die **Luft** bilden, nehmen **mehr Platz ein** und treten aus allen Löchern der Eierschale aus.

Du bist der König der Experimente: Du hast gerade die Durchlässigkeit (Porosität) des Eis getestet!

SO FINDEST DU HERAUS, WIE ALT DEIN EI IST

Warum schwimmt das alte Ei oben 

Mit der Zeit verliert das Eiklar an Flüssigkeit und nimmt immer weniger Platz ein. Die Luftkammer wird dann immer größer.

Je größer sie wird, desto leichter wird das runde Ende des Eis: Es richtet sich auf.

Das Ei mit der großen Luftkammer ist leichter als das Wasser und schwimmt daher oben.

Du weißt nun, warum ein altes Ei an der Wasseroberfläche schwimmt: Schuld daran ist der archimedische Druck!

SO KOCHST DU DEIN EI

Ich tauche 3 Eier in einen Topf mit kochendem Wasser.

Und ich stelle die Eieruhr.

3 Minuten: weich gekochtes Ei

Das Eigelb und das Eiklar sind beide flüssig.

Was passiert beim Kochen

Gewonnen!

Das Eiklar, das viel Wasser enthält, ist bei Raumtemperatur flüssig. Es beinhaltet zudem andere kleinste Stoffteilchen, die ganz dicht aneinander liegen.

Wenn es wärmer wird, entfalten sich diese Teilchen und bilden eine Art Netz, das das Wasser gefangen hält. Das Eiklar wird fest oder hart.

5 Minuten: mittelhartes Ei
Das Eigelb ist noch flüssig, aber das Eiklar ist fest.

10 Minuten: hart gekochtes Ei
Das Eigelb und das Eiklar sind nun beide fest.

Im Leben sollte man sich Zeit lassen!

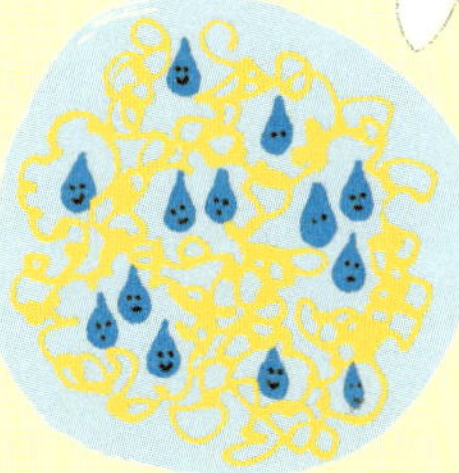

Das Gleiche passiert mit dem Eigelb – nur, dass es länger dauert, bis es fest wird!

Du weiß nun, wie Wärme das Ei-Innere vom flüssigen in den festen Zustand verwandelt. Glückwunsch!

SO BRINGST DU EIER ZUM TANZEN

Drehe ein rohes und ein hartgekochtes Ei um sich selbst!

AUF DIE TANZFLÄCHE!

Ich drehe ganz langsam!

Und ich ganz schnell!!!

Hier das **rohe** Ei: Das flüssige Eiklar und das flüssige Eigelb verlangsamen es durch die Eigenbewegung.

Hier das **hart gekochte** Ei: Das gekochte Eiklar und Eigelb bilden einen festen Block. So wird das Ei nicht, in seinem Schwung gebremst!

Wenn man die Schale des rohen Eis berührt, drehen sich die Flüssigkeiten im Inneren weiter und nehmen die Schale in der Drehung mit: Das ist der Grundsatz der **Trägheitskraft**!

Wenn man die Schale des gekochten Eis berührt, hört die gesamte Masse aus festem Eigelb und Eiweiß, die an der Schale haftet, auf, sich zu drehen.

Bravo, du Karussell-König hast nun die Trägheitskraft entdeckt!

SO LÄSST DU DIE EIERSCHALE VERSCHWINDEN

Um die Eierschale bilden sich Luftbläschen.

Warum sind da Blasen ?

Die Eierschale besteht aus Kalk, genauso wie Kreide. Die Säure des Essigs frisst den Kalk der Schale bzw. sie löst ihn auf. Die Begegnung zwischen Kalk und Säure ist eine chemische Reaktion: Dabei bilden sich Luftblasen aus **Kohlendioxid**.

Wie sieht dein Ei nach 24 Stunden aus 

Seine Schale ist verschwunden. Es ist ganz weich und zudem etwas größer geworden. Das Ei hat den Essig aufgesogen.

Huch, ich bin ganz nackt!

Ziemlich frech der Kollege hier!

Die Membran um das Ei ist ziemlich stark und elastisch!

Lass dein Ei hochhüpfen!

Achtung! Dein Ei platzt, wenn du es von mehr als 20 cm runterwirfst.

Ausgezeichnet! Du bist nun ein perfekter Chemiker und hast das Prinzip der Auflösung von Kalk mit Säure getestet.

SO ZAUBERST DU DEIN EI IN EINE FLASCHE

Lege dein mittelhart gekochtes Ei gepellt (also ohne Schale) auf die Öffnung einer leeren Saftflasche.

Fülle die Schüssel, in der die Flasche steht, mit sehr warmem Wasser.

Die Öffnung der Flasche sollte etwas kleiner sein als der Durchmesser des Eis.

Ooh, das Ei zappelt! Das ist lustig!

Warum zappelt das Ei ?

Mit der Wärme dehnt sich die Luft in der Flasche aus: Die kleinsten Teilchen, die die Luft bilden, weiten sich aus und nehmen mehr Platz ein. Sie schieben das Ei nach oben, sodass es dann anfängt, zu zappeln!

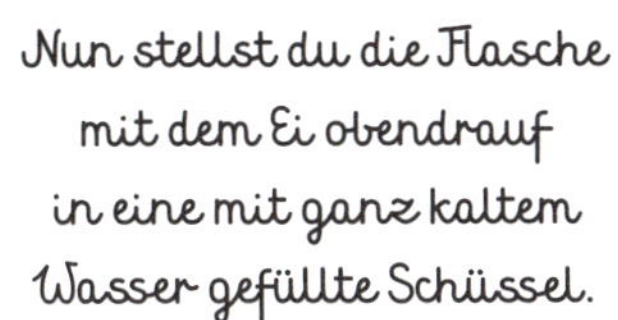

Unglaublich! Das Ei fällt in die Flasche rein!

Kleiner Tipp am Rande

Um das Ei aus der Flasche wieder herauszubekommen, frage einen Erwachsenen um Hilfe: Einfach den Flaschenkopf nach unten unter den laufenden Warmwasserhahn halten.

Wie fällt das Ei hinein

Mit der Kälte zieht sich die Luft in der Flasche zusammen: Die kleinsten Teilchen, die die Luft bilden, ziehen sich zusammen und nehmen weniger Platz ein. Dank seiner ovalen Form und seiner Dehnbarkeit rutscht das Ei dann in die Flasche.

Bravo!
Du hast nun dank dem Ei feststellen können, dass die Luft sich durch Wärme ausdehnt und durch Kälte zusammenzieht!

SO MACHST DU MAYO

Mische ein Eigelb mit einem Teelöffel Senf, ein bisschen Essig, Salz und Pfeffer.

Salz

Pfeffer

Essig

Eigelb

Senf

Das Ei sollte Zimmertemperatur haben.

Behalte das Eiklar für das nächste Experiment.

Zusätzlicher Tipp,

um das Eigelb vom Eiklar einfach zu trennen!

Schlage das Ei auf einem Teller auf. Drücke die Luft aus einer kleinen Plastikflasche aus. Halte die Flasche gedrückt.

Berühre dabei das Eigelb mit der Flaschenöffnung und sauge es an, indem du ganz vorsichtig den Druck auf die Flasche nachlässt.

Jetzt kannst du das Eigelb, auf einen anderen Teller gleiten lassen, indem du wieder auf die Flasche drückst.

Was passiert mit dem Gemisch 

Wenn man Wasser mit Öl mischt, steigt normalerweise das Öl ganz schnell nach oben und schwimmt an der Wasseroberfläche. Das ist eine **instabile Emulsion**.

In der Mayonnaise binden kleinste Teilchen des Eigelbs das Öl und das Wasser, das im Eigelb, im Senf und im Essig enthalten ist. Das ist eine **stabile Emulsion**.

Echt stark: Der Grundsatz der Emulsion ist nun kein Geheimnis mehr für dich!

SO KANNST DU EISCHNEE MACHEN

Schlage 3 oder 4 Eiklar, bis es schäumt!

Wie verwandelt sich das Eiklar?

Beim Schlagen kommen Luftblasen in das Eiklar. Sie benötigen Platz, dadurch **quillt** das Ganze!

Zu cool hier!

Wenn man weiter schlägt, werden die Luftblasen kleiner. Das Eiklar **wird fester** und umschließt sie.

ZUSATZ-TIPP

Schlage das Eiklar zusammen mit Zucker zu Eischnee. Bilde damit kleine Häufchen, die du kurz im Ofen backst. Das Wasser verdampft, der Eischnee wird härter und zu leckeren Baisers! Mmmmm!

Wow! Du hast die Aufgabe eines Tensides getestet und weißt, wie es Luftblasen bindet.